weissbooks.w

# Sturm und Tang

Fünfundfünfzig Reisegedichte
von Elsemarie Maletzke
und Christian Golusda

weissbooks.w

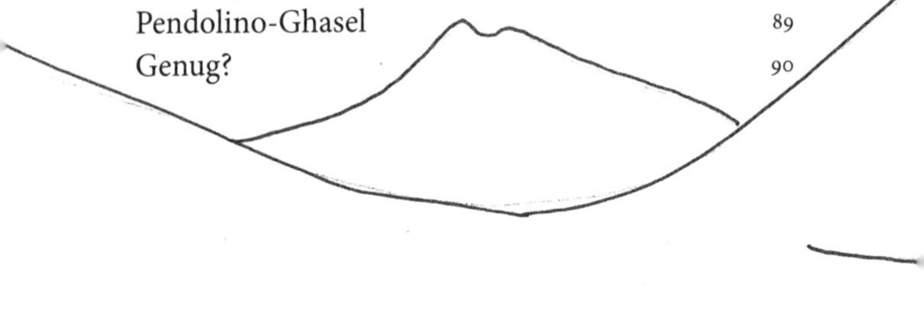

## EDITORIAL

Die eine reist in der Welt herum; der andere lässt es bleiben. Die eine ist Journalistin und von Beruf unterwegs, der andere ist Arzt und Akteur, eher bodenständig und von Flugangst befallen. Er sucht bewährte und näher gelegene Ziele auf oder bleibt gleich ganz zu Hause. In dieser Konstellation unterhalten Christian Golusda und ich, alias Doktor Krittel und Frau M., seit langem eine gereimte Reisekorrespondenz, einen Austausch von Grüßen mit Versfüßen. Oft begegnet Frau M. ja unterwegs ein Rhythmus, ein Wort, ein Bild; oft kann sie im Bus oder im Flugzeug dösen oder dichten, rausschauen oder Silben stechen. Und Doktor Krittel, den seit Jahren die Reimsucht heimsucht, hat darauf in der Regel eine Antwort:

Das Denken, träg sonst, kreist im Zwangsjackett,
selbst kurzer Reisen schnelle Urlaubsgrüße
entufern und geraten zum Sonett,
das feste Form verleiht und Jambenfüße.

So kreuzen sich Briefe und Postkarten: Terzinen aus Tamil Nadu, Sonette vom Sambesi, Haiku aus Hokkaido und Knittelverse vom Kap Hoorn mit Oden vom Frankfurter Ostend und Sestinen aus dem Sandweg. Das Thema Fortfahren und Daheimbleiben wird von beiden ausführlich bedichtet, nicht immer politisch korrekt und manchmal in bedenkenlosen Reimen, aber immer unter Wahrung der korrekten poetischen Form – oder, fast immer.

Seit Jahren treiben wird das tit for tat[1]
In Form von Knittel und Sonett,
Akrostichon, Ghasel, Sestine,
Enjambement und Pendoline ...

[1] Englisch: Wie du mir, so ich dir

Von was? Ich meine dieses schöne Fliegen
durch Kurven, die wir sonst nicht kriegen –
an unsres Lebens Erntewagen das Reserverad.
Ist doch ganz tröstend, wenn man immer einen Vers parat.

Denn zunächst war diese Reimdichpost – durch neue Kommunikationsformen wie E-Mail und SMS beflügelt und beschleunigt – nur zu unserem eigenen Ergötzen gedacht, und die Rollenverteilung lag fest: auf der einen Seite die weltreisende Frau M., auf der anderen der knotternde, krittelnde Doktor zu Hause. Inzwischen haben sich die beiden zu eigenständigen Kunstfiguren entwickelt und die Fronten beginnen sich zu verschieben. Frau M. ächzt manchmal unter der ständigen Ortsveränderung, Doktor Krittel hat ein Flugzeug bestiegen. Wer weiß, wo das enden soll?

*Elsemarie Maletzke*

## ZWISCHEN PERIYAR UND MADURAI

Es schnauft der wilde Elefant im Walde,
der Fremde bangt um seine Lagerstatt,
denn dreht er ihr den Rücken zu, schon balde
macht Elly hinter ihm die Hütte platt.

Wo bin ich heut? Wo war ich gestern noch?
Am Meer, im Tempel und im Schmuckgeschäft.
Wir fahren immer weiter, und ein Loch
klafft zwischen mir und Indien, ach es kläfft

der Köter immer unsern Rädern nach.
Wenn Shiva tanzt und der Flamboyant glüht,
im stillen Reisfeld und der Städte Krach
ist's nur ein Blick, der mich hinüberzieht.

Wer klagt, dass er alleine reimt und knittelt,
da mich der Bus durch Tamil Nadu schüttelt?

PS: In ein paar Tagen bin ich wieder da.
Dann bist du dran: Sandweg 12a.

*E.M.*
*11. Juni 1994*
*Periyar/Indien*

## OASEN

Nicht eines Dichters Leid und auch nicht seine Klagen
soll dir mein neuerliches Liedchen hier verkünden
(obschon – der Einwand sei gewährt – die Wahrheit sagen
nicht zu den Klagen zählt, erst recht nicht zu den Sünden).

Sechsfüßig ist der Sandweg heut Objekt der Wahl,
ein öder Ort in einer Stadt- und Städtewüste,
bewohnt von zählebigem Wüstenpersonal,
wovon man sonst nicht dichten, sondern schweigen müsste.

Verliehe nicht in dieser Ödnis eine Stelle
dem stumpfen Blick des Einsiedlers ein sattes Glänzen
wie einem halb Verdursteten an dürrer Quelle,
wenn diese wieder quillt, belebt von Regentänzen.

Das wissen alle, die je Briefsonette lasen,
dass Briefkästen in Sandwegwüsten die Oasen!

C.G.
*11. Oktober 1994*
*Frankfurt am Main*

## HUND AM STRAND

So schnell kommt Herrchen gar nicht hinterher
mit Beutel und Schippe:
drei Haufen in den feinen Sand gesetzt,
einen im Laufen,
schon geht sie ab, die Post. Die heißt natürlich
Jagd auf Möwen.

Die Vögel sehn das eher recht gelassen.
Ist ja nichts Neues,
dass einer auf sie zugeschossen kommt
mit Hecheln und Kläffen.
Sie gönnen ihm den Spaß, der ja auch meist
ganz ihrerseits.

Sie trippeln, dann erheben sie sich lässig
in die Lüfte
und segeln seelenruhig vor ihm her
auf Nasenlänge.
Ungläubig nun erfährt der Hund, dass Fliegen
nicht sein Ding.

C.G.

*August 1994*
*Bergen/Belgien*

## REVEREND WALKER SKATING

Nein, fliegen kann er nicht, doch gleiten flott,
der Paschter[2] auf dem schottländischen Eis.
Den Sommer haut's vom Schlitten nun, weiß Gott,
und jede Reise hat so ihren Preis.

Das dumme Herz, es will sich nicht erheben,
es zottelt wie ein Igel durch die Stadt,
wo schnelle Hasen sich der Kunst ergeben,
ist es im Voraus alles gründlich satt.

Die Säcke dudeln, dort jongliert ein Clown;
es brummt vom Festival ganz Edinborough,
die Regenschirme zeigen upside down,
ich fahre ohne Trauer heim tomorrow.

Die Verskunst macht die dünnste Reise fett –
Es lebe das Gelegenheits-Sonett!

*E.M.*
*August 1994*
*Edinburgh/Schottland*

[2] Landkölnische Mundart: Pastor

Reverend Walker

## LÖWEN-SONETT

Lohfarben wie die Erde ist des Löwen Fell,
den Schatten wirft ein Dornakazienbaum,
und fegt' der Schweif nicht durch die Lüfte schnell,
man glaubt', drei Steine lägen dort im Traum.

In Sonne, Staub und warmem Wüstenwind
verdösen sie den Nachmittag zu dritt
und tun, was Löwen tun und immer sind:
gelassen, schmiegsam und verteufelt fit.

Ein Puschelöhrchen zuckt, die Braue hebt sich,
und durch die Zweige blickt die Löwin wach:
unschmackhaft ist das bunte Blech, vergeblich
ihr Wunsch, der Braten kröche aus dem Schlag.

Als Zwischenhäppchen auf Salon-Safari
betrachtest, Löwin, du mich in der Kalahari.

*E.M.*
*September 1995*
*Kalahari/Südafrika*

## VOM DICHTEN UND DÖSEN

Durch Afrika-Südwest und seine Wüste
fährt eine weiße Frau, und schnurgerade
lenkt ihr Chauffeur den Jeep auf harter Piste
durchs weite Land. Sie ist gelangweilt. Schade.

„Was soll ich tun?" fragt sie den Wagenlenker,
doch wie soll der der Lady Frage lösen?
Sie kommt vom Land der Dichter und der Denker
und tät am liebsten wie die Löwen dösen.

Die Sonne brennt, die Wüstenlüfte flirren,
ein Perlhuhn, einsam, gafft und schreit nach Liebe,
der Motor brummt, die Fensterscheiben klirren,
der Sand dringt vor in Poren und Getriebe.

Denk dran, oh weiße Frau, du gleichst mitnichten
der Löwin, die da döst, denn du sollst dichten!

C.G.
*6. Oktober 1995*
*Frankfurt am Main*

## SONETT VOM SEGELN

Die Augen auf den Horizont gerichtet
erwarten wir mit Mut den neuen Tag.
Ist es der letzte, da wir Land gesichtet?
Egal, wir schippern los voll Unverzag.

Sehr alt ist unser Schiff Anna Kristina,
zwei Masten, braune Segel, hoch geschwellt,
es sieht so aus, als führen wir gen China,
sofern es einem guten Gott gefällt.

Wie sterbensblau ist das bewegte Meer!
Wie schwankt der Kahn so überaus verdächtig!
Wie fühle ich mich blümerant so sehr!
Zuviel vom Rotspunt? Ja, das rächt sich.

Ich hoffe sehr, dass Christian für mich betet,
quite seasick, lost and constipated.

*E.M.*
*23. Oktober 1995*
*Las Palmas/Kanaren*

## STURM UND TANG

Poseidon, hilf mir, mich erreicht soeben
die Flaschenpost aus deinem Reiche. Bang
les ich der Freundin Wort, das sonst Gesang
und Dichtkunst pur. Sie fürchtet um ihr Leben.

Poseidon, lieber Gott, du musst was tun!
Ihr Antlitz grün, ihr Herze blö murang,
so schlingert sie durchs Meer, durch Sturm und Tang.
Poseidon, mach schon! Sonst ruf ich Neptun.

Du musst sofort die wilden Wogen glätten,
in Seenot sind die Mannschaft und der Kahn,
nur du kannst sie aus nassem Elend retten!

Poseidon, los! Ich bitte dich, fang an!
Was wird sonst aus der Frau und den Sonetten,
die sie dann nicht mehr schreiben kann?

C.G.

*28. Oktober 1995*
*Frankfurt am Main*

## ABGETAKELTES SONETT

Man steigt nicht zweimal in denselben Kahn.
Das hat das Leben ausdrücklich verboten.
Und tust du's doch in deinem holden Wahn,
dass süß're Erbsen noch in dick'ren Schoten,

dann reicht es dir nur trockenes Gemüse
und haut dir auf die ausgestreckten Pfoten:
das hast du dir selbst zugezogen, Süße.
Was ärgerst du dich hier nach Strich und Noten –

das nächste Mal fährst du auf die Lofoten!

*E.M.*
*19. März 1996*
*Teneriffa/Kanaren*

## WELCOME HOME!

Am Horizont, der süße Silberstreifen,
wer hätte das gedacht, er ist aus Blech!
Im zweiten Anlauf dieses zu begreifen,
nenn du es holden Wahn, ich nenn es Pech.

Lass herzlich dich zu Haus willkommen heißen,
die alten Freunde öffnen dir den Arm.
Ach, Zuckererbsen, darauf kannst du pfeifen,
auch Hausmannskost hat durchaus ihren Charme.

Und überhaupt, was heißt hier abgetakelt...
Was anders treibt uns denn, bringt uns nach vorn,
– dein Einspruch, wenn dies nur so hinorakelt –
als Energie, gespeist aus Frust und Zorn?

Soweit für heute meine Reimdichpost,
in stiller Hoffnung, dass sie dir ein Trost.

C.G.

*25. März 1996*
*Frankfurt am Main*

## POST AUS MALLORCA

**P**arbleu, ist's wahr, zu Hause tut es heftig hageln?
**O**ft zeigt der Frühling launisch sich bei dir in Nord?
**S**o unglaublich! Die warmen Sonnenstrahlen nageln
**T**agtäglich uns aufs Kaffeehausgestühl am Port.

**A**n jedem Morgen steht das Schafsgebimmelwecken
**U**nd das am Frühstückstisch-im Schatten-Niederlassen,
**S**obald man nämlich hockt auf diesem Zauberflecken,

**M**ischt Muse sich mit süßer Faulheit, stillem Prassen.
**A**us allen Löchern seines sammetschwarzen Mantels
**L**euchtet das Weltall nachts auf unser altes Haus,
**L**ampionengleich und Zeuge uns'res frohen Wandels
**O**bachet der Komet, wie roter Wein und Grouse[3]
**R**üstig die faulen-Lenz-Genießerinnen nässen.
**C**iao, Christian, lass die Freundeshand dir pressen
**A**us diesem schönen Gleichklang der Interessen.

*E.M.*
*15. April 1997*
*Mallorca/Spanien*

[3] „The Famous Grouse" – schottischer Whisky

## FROMMER WUNSCH

**A**ch, lieber Vater, heil'ger Sohn,
**K**omm, schenk mir ein Akrostichon!
**R**eimte ich wie Gernhardt, Robert,
**O**h, schnell wär' die Welt erobert,
**S**chöne Welt, die einen gern hat,
**T**oll, so dichten wie der Gernhardt.
**I**ch weiß jedoch, dem ist nicht so,
**C**hristian, die Welt ist roh.
**H**ilf drum, Gott, dass ich es schaffe –
**O**h, gleich Schluss, mich laust der Affe –
**N**ur ein einziges davon, na, so ein ...

C.G.
*3. Mai 1997*
*Frankfurt am Main*

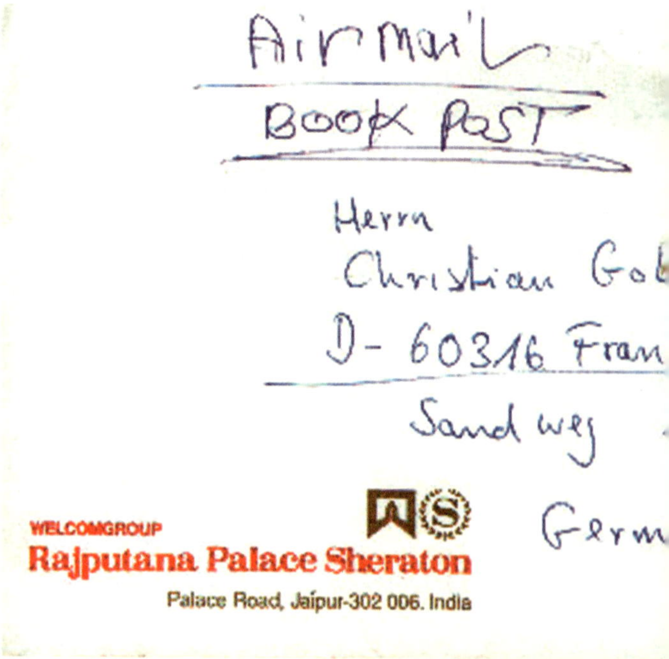
Air mail

BOOK POST

Herrn

Christian Gol

D- 60316 Fran

Sandweg

Germ

WELCOMGROUP

Rajputana Palace Sheraton

Palace Road, Jaipur-302 006. India

GUEST STATIONERY

## ALLES GUTE AUS INDIEN

Haste Angst vor Dreck?
Bleibste besser weg,
Scheu vor Kack und Coli?
Darfste nicht nach Delhi.
Oder vor Malaria?
Finger weg von Kerala.
Musste mal zur Kur?
Fahr nicht nach Jaipur.
Ist vor Pest dir banges?
Meide bloß den Ganges
und die Stadt Benares!
Tod ist da nix Rares.
Lepra, Gift und Gülle –
alles Shivas Wille.
Nur das Taj Mahal
ist kein Schweinstall.

*E.M.*
*September 1999*
*Bombay/Indien*

## KLEINER RAT IN SACHEN REISEN

Taj? Vergiss es,
Dresden isses!
Mit Palästen
nur vom Besten
und barocken
Häuserbrocken,
ziemlich viel
Jugendstil
nebst vertrauten
Plattenbauten,
dabei immer
auch noch Trümmer.
Schau zur Elbe,
tu dasselbe,
das heißt, schau
nach Hellerau,
geh auf Pirsch
am Weißen Hirsch,
zieh zum Zwinger,
lass die Finger
von Peru,
sag schlicht „nu",
nimm den nächsten
Zug nach Dresden
so wie ich,
ich grüße dich!

C.G.
*22. September 1999*
*Dresden*

## VON SANDPAD ZU SANDPAD

Es hat geregnet in der Namib-Wüste,
das Silbergras schoss auf wie nicht gescheit,
besoffen von dem Nass, das jüngst die Düne küsste
nach einer ewig langen Dürrezeit.

Nun bebt und funkelt es wie ein Gefieder,
wo eben noch die braune Erde lag:
pistaziengrün, vanillegelb, schon wieder
verdorrt am übernächsten Donnerstag.

Das Weiche deckte kurz das heiße Harte,
Heidelbeerschatten fliegen übers Land.
Aus Crème de Menthe ragt eisengraue Schwarte,
glatt ziegelrot davor der Rieselsand.

Und noch ein Gelb: Lupinenbutterblümen!
Die Wüste blüht, es duftet über Dünen.

*E.M.*
*1. Mai 2000*
*Sossusvlei/Namibia*

## KEIN VERGLEICH

Dein hohes Lied der Wüstenfruchtbarkeit,
oh Freundin, wirklich prachtvoll, tausend Dank!
Auch mich zog es hinaus, nicht halb so weit
wie dich; es führte mich mein Weg aus Frank-

furt mit dem Wagen hin zum Meeresstrand
an den mir wohlbekannten Urlaubsort
durch Klee und Gras ins grüne Niederland;
ich tauschte Frank- in Zand- und -furt in -voort.

Der Weißdorn nimmt ein Sonnenbad, das Meer
verläuft sich still im Sande, und die Zeit
geht mit dem Wind – ganz unspektakulär;
den Trip trennt von dem deinen fast Unendlichkeit.

Ich würd' mich auch nie zum Vergleich erkühnen,
in Schlichtheit liegen Reim und Reiz der
Nordseedünen.

C.G.
*14. Mai 2000*
*Zandvoort/Niederlande*

## ARMER HUND

Ein Hund war depressiv,
weil bei ihm nichts mehr lief,
da fuhr der Hund nach Wien
zu einem Doktor hin.

Der Doktor hieß Herr Freud,
dem kläffte er sein Leid.
Doch Doktor Freud sprach: Schau,
du bist doch ein Wauwau,
und ich bin – tut mir leid –
nun mal kein Tierapeut.

Das Ende von dem Lied?
Der Hund zog Leine, wie man sieht
(und wurde schärfster Kritiker
der Psychoanalytiker).

C.G.

*27. Dezember 2000*
*Wien/Österreich*

## ARMER HUND, ZURÜCK AUS WIEN

Ach, was muss man oft von armen
Hunden lesen und sich barmen,
weil sie schlechte Träume plagen,
Einsamkeit und Unbehagen,

ein Familienknatsch ein alter,
neue Krisen – derenthalber
muss der Hund nach Wien aufbrechen,
um mit Dr. Freud zu sprechen,

glaubt er doch, dass dieser Freud
klüger sei als andre Leut,
die zu Hause stets parat
wissen, was dem Hund probat.

Aber Dr. Freud, Sigmund
kann nichts tun für unsern Hund:
Was dir fehlt, mein lieber Chow,
ist ein anderer Wauwau!

Und für diese Medizin
fährt von Frankfurt er nach Wien!

*E.M.*
*9. Januar 2001*
*Frankfurt am Main*

## ORTE MIT S

Sizilien - da gab's das beste Eis
und leck'ren Thunfisch in Spaghetti-Soße.
Dann kam der Simplon – jener ist aus Gneis
und grenzt die Schweiz ab von der andren Chose.

Zu Tal und wieder rauf: Hallo, Saas Fee!
Verrat mir einer, wo hier Schönheit waltet!
Der Gastwirt rechnet mit dem Gletschereis
und hat sein Haus mit acht Balkons gestaltet.

Südafrika – da war ich schon einmal
ganz kurz – doch Swaziland ist völlig fremd.
Ein König herrschet über diesen Kraal,
er trägt elf rote Federn und kein Hemd.

Als nächstes falle ich in Sambia ein
und nehm von dort den Zug nach Sobernheim.

*E.M.*
*30. Juni 2001*
*Mbabane/Szwaziland*

## ABENTEUERURLAUB

Warum in die Ferne schweifen,
sieh, das Schöne liegt so nah,
auf Sizilien kann ich pfeifen,
seit ich Mannheim sah.

Neckarfluss und Vater Rhein,
die berühmte Brück,
Wasserturm im Sonnenschein
nenn ich Urlaubsglück.

Doch das Beste, ich gesteh,
das gibt mir den Kick,
ist, wenn ich ins Theater geh,
seh mein eignes Stück.

C.G.
*3. Juli 2001*
*Mannheim*

## DIE RÜGENLÜGE

Sonne satt auf Rügen?
Die Ansichtskarten lügen.
Was gibt's auf Rügen? Regen!
Von wegen Regen Segen:
Durch alle Ritzen rinnt's,
ich trag den Schirm durch Binz,
es platscht und pladdert volle Kanne,
die alte Ostseebadewanne
füllt ihre flachen Pegel.
Ich streiche meine Segel,
hier wird kein Krittel alt,
ich reise ab.
Auf bald!

C.G.
*29. August 2003*
*Binz/Insel Rügen*

## AUS DER SONNE

Sunshine in Southeast,
for 3 days – at least,
riding a bike
across the Isle of Wight,
sky's not leaking,
so let's go freaking
on the beach,
where we reach
for umbrella 'gainst the light;
it's so lovely, it's so bright!

Binz and Baltic? Never heard.
Come to Hampshire – nie verkehrt.

*E.M.*
*20. September 2003*
*Isle of Wight/England*

# REVEREND WALKER II

Edinburgh am Hogmanhay[4],
Reverend Walker ist dabei.
Eis gibt's keines, doch viel Sonne,
Wikinger in Marschkolonne,
Straßenparty, Fackelglanz,
pipes and drums und Massentanz.
Pastor Walker auf dem Eise
präferiert das eher Leise,
gleitet still ins Jahr Nullvier,
und schickt Grüße – auch von mir.

*E.M.*
*31. Dezember 2003*
*Edinburgh/Schottland*

[4] Schottisch für „Sylvester"

## AUF DEM EIS

Das ist doch der Reverend,
wie man ihn seit Jahren kennt,
scheinbar ganz der Alte noch,
kringeldrehend über Loch
Duddington,
schwebt davon
stillvergnügt ins neue Jahr,
lässt zurück, was gestern war.
Sowas nennt man vorbildlich,
Reverend, wir loben dich!

Auch die, die weniger behend
als der flotte Reverend
sich übers Lebensglatteis quälen
sollten Walkers Motto wählen,
das da heißt: 2004 –
ein wenig Pflicht und ganz viel Kür!

C.G.

*3. Januar 2004*
*Frankfurt am Main*

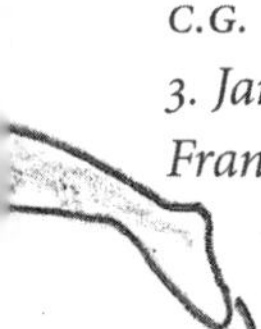

## AM ZAUBERBERG

Der Himmel so grau,
so nass der Schnee,
die Luft so mild,
das Bein so weh.

Der Schnee so nass,
so mild die Luft,
der Zauberberg,
er ruft. Bloß was?

„Mein Freund", ruft er,
„was für ein Reim...
Dein Bein tut weh?
Dann fahr doch heim!"

C.G.
*22. Februar 2004*
*Davos/Schweiz*

9/98

## ZWEI HAIKU AUS KYUSHU

Onsen [5] am Aso [6]
Frau M. ehrt den Quellengott
kniend im Wasser

Das Bad im Gärtchen
Heiß strömt der Bach durch mein Haus
So mag ich Japan

*E.M.*
*27. März 2004*
*Kyûshû/Japan*

[5] Heiße Quelle
[6] Vulkan auf Kyûshû

## HAUSEN-HAIKU

Was brauch ich Onsen?
Bringt doch die U-Bahn mich bald
ins Hausener Bad [7]

C.G.
*31. März 2004*
*Frankfurt am Main*

[7] Beheiztes Freibad
im Frankfurter Stadtteil Hausen

## FOR EVER IBSEN

Neunzehnsechs starb Ibsen,
im Gulbransdal beschwipsen
sich alle schon an Ibsen.
Die Offiziellen gipsen
am Denkmal ihres Ibsen.
Auf Fahnen und auf Schlipsen
knattert Ibsen.
Bürger, Bauern, Tippsen
feiern Ibsen,
sogar die Vöglein piepsen:
Vivat Ibsen!

Ach, leider, mich bedripsen
die Stücke des Herrn Ibsen.
(Also ehrlich, Meister,
Ihr Pessimismus geht mir auf den Keks!)

*E.M.*
*10. August 2006*
*Oslo/Norwegen*

## ÜBER IBSEN, EBEN GELESEN

Ap'thekerlehrling wider Willen
hörte auf mit all dem Pillen-
dreh'n und Salbenrühren,
wollte bess'res Leben führen,
um Entlassung bat er
und ging zum Theater.

Sagen Sie mal, gibssen
so was nur bei Ibsen,
oder gibt's die Sorte
nicht auch in Francoforte?

C.G.
*29. April 2004*
*Frankfurt am Main*

## SINNESWANDEL

Ich bleibe, wo ich bin?
Ach Unsinn! Bloß wohin?

Heut schick ich flott und gern
Ein Grueziwohl aus Bern,

und höre, morgen presch
ich runter zur Ardèche,

dann schnell noch Sonn und See
gefolgt (gewiss) von Heim und Weh…

C.G.
*18. August 2007*
*Bern/Schweiz*

## NIX WIE HAAM

Heim & Weh?
Wie ich's versteh!

Une semaine in Fronkereich
macht mir Herz und Birne weich.

Chaque jour woanders,
glaube mir, da kann der's

schon emal suffrieren.
Möchtest grad partieren

haam auf Händ und Knie,
mais oui!

*E.M.*
*24. September 2007*
*Tours/Frankreich*
*per SMS*

## FÄHRSTE SCHLITTEN...

Fährste Schlitten?
Fährste Ski?
Läufste Eis in Sils-Marie?
Schnappste Lüfte?
Und die Hüfte?
Haste Schnee?
Hastes schee?
wünscht von hie
Elsemarie

*E.M.*
*12. Februar 2008*
*Frankfurt am Main*
*per SMS*

## NACH DEM MÜSLI...

Nach dem Müsli
und dem Kipfel
auf die Füßli,
hoch zum Gipfel.
Schlittel, Ski?
Brauch ich nie.
Wozu Kufen,
wenn die Hufen
mich noch trageln
zum Murageln
in die Höh,
auch den See
mach ich zu Fuß,
Gott zum Gruß!

C.G.
*13. Februar 2008*
*Muottas Muragl/Schweiz*
*per SMS*

BALL
DIL

HiPPO
JAMBEJI

## SUNSET ON THE SAMBESI

Frau M. mit Hut und Fernglas und Gin Tonic
Auf dem Sambesi schifft im Abendlicht,
hält das Ereignis fest in ihrer Chronik,
denn das erlebt sie alle Tage nicht.

In Klatschmohnrot sinkt vorn die Sonne nieder,
am Heck der Mond als Apfelsine steigt,
ganz blaue Seide schillert Wasser wider,
vom Ufer her die wache Grille geigt.

Das Hippo legt im Schlamm sich jetzt zur Ruh,
der volle Mond wirft eine goldne Bahn,
still macht das Krokodil die Augen zu –
da scheint ein Rauch, ein Donner sich zu nah'n.

Zurück zum Steg, Matrosen! Trötet's Horn!
Backbord voraus: au weia! (siehe vorn)

*E.M.*
*Juli 2001*
*Victoria Falls/Sambia*

## BASTA BASTA

Dein Sonett von dem Sambesi
ist so wunderschön gewesi,
zehnmal hab ich's schon gelesi.

Happy Hippos und ganz vieli
große grüne Krokodili
treiben da Sambesi-Spieli,

jagen bunte Wasserballi
zur Musik von Donnerhalli
von dem großen Wasserfalli!

Nichts dergleichen kann ich schicki,
aus dem Zug von Osnabrücki
heut nach Frankfurt/Main zurücki

schreib ich allenfalles Käsi.
Basta, basta, lieber les i
hundertmal noch vom Sambesi!

C.G.
*6. August 2001*
*Osnabrück – Frankfurt am Main*

## KLEINES TOSKANISCHES FRESSLIED[8]

Alte Villa Palagione
ist nur eine stazione,
die ich seh auf dieser Reis,
exklusiv und voller Preis.

Schwarze Trüffel darf ich kochen
(weiße einmal nur gerochen),
dann ein Wildschwein auf Toskanisch:
Lorbeer, Knofi, Kraut balsamisch

oder ein Filet mit lardo[9],
dass der Magen muss nicht darbo,
ziehn wir uns ein Eis noch rein
auf dem Platz im Sonnenschein.

[8] Nach der Melodie „Auf de schwäb'sche Eisenbahne"
[9] Italienisch: weißer Speck

Schwer wie Marmor aus Carrara,
fett wie Speck aus Colonnata
fahre ich am Ende heim,
rund wie Sieneser Schwein.

Refrain: Pasta, Pasta, olala
Pasta, Pasta, olala!

*E.M.*
*23. Oktober 2001*
*Villa Palagione/Italien*

## PASTA PASTA

Ein hintertoskanisches Trüffelschwein
ließ plötzlich das Schnüffeln nach Trüffeln sein,
steckt lieber den Rüssel
in die Pastaschüssel
und handelt sich so manchen Rüffel ein.

C.G.
*3. November 2001*
*Frankfurt am Main*

## ENGADINER SCHLITTELFAHRT

Werteste Frau M., ganz schnell
ein Feriengruß aus dem Hotel.

Wintermärchen Engadin?
Ach iwo, wo denkst du hin?
Wenn ich aus dem Fenster seh,
braune Flecken, wenig Schnee.

Freie Fahrt für Bob und Ski?
vielleicht auf dem Piz Palü.
Ja, es traf den Krittel hart,
nix is mit der Schlittelfahrt.

C.G.
*25. Dezember 2001*
*Zuoz/Schweiz*

Doktor Krittel
und sein
Schlittel

## DREILÄNDERECK

Im goldenen Dreiländereck
gibt's Opium und Schweinespeck.
Nein, stimmt gar nicht! Wer Schlaf-Papaver[10]
hier heimlich anbaut, oh, den straft der
König Bhumipol. Und keine Rente
bekommt der Typ, den die Polente
mit Mohn erwischt. Er wird erschossen.

[10] Papaver somniferum: Schlafmohn

Statt Schlafmohn pflanzt man Bambussprossen
Lychees und Reis – non-psychedelic!
Wer's glaubt, wird sicher damit selig.
Das Böse wohnt jenseits der Grenze
in Laos, Burma. Nur hier brennt se,
die Ernte samt dem Drogendreck
in Thailands saub'rem, goldnen Eck.

*E.M.*

*1. Dezember 2005*
*Chiang Mai/Thailand*

## HERRGOTT SAKRA!

Sapperlot, Frau M., da bin i
doch im Land vom schönen Kini!
Königludwigsblau der Himmel,
ringsum Glocken und Gebimmel
von Kirche, Kuh und von Kapelle,
flitze ich wie Blitz so schnelle
mit dem Radl über Almen,
bis Wade brennt und Reifen qualmen.

Wo ich grad bin, woll'n Sie wissen?
Eben sitze ich in Füssen,
in der Nähe von dem Schloss,
wo der Kini sich erschoss.
Wie? Er schoss nicht? Er ertrank?
Richtig, war ja nervenkrank,
ging ins Wasser samt Psychiater.

Herrgott Sakra, großer Vater,
so ging der Kini übern Styx,
da hilft kein Kruzifix auch nix!

C.G.
*4. September 2004*
*Füssen*

## ACH!

Wutach!
Mut mach
mir, weiterzutreten
durch dieses Schwarzwälder Höllental!
Hab ich die Wahl?
Von oben Gedröppel –
Von unten Gehöppel.
Weh, das Gestell ächzt,
Weh, auch der Geist lechzt
nach weniger Fluchtbewegung
und den Mitteln der Suchterregung:
Schnaps und Schinkenbrot.
Stattdessen droht
ein Zerren an Knochen und Gräten.
Ach,
Wutach!
Das Knie brauch ich noch beim Jäten.
Deshalb runter vom Rad
in die Warmwasseranstalt.
Ade, Schmerz und Schwellingen!
Gruß aus Bad Bellingen

*E.M.*
*23. Juli 2009*
*Wutach/Schwarzwald*

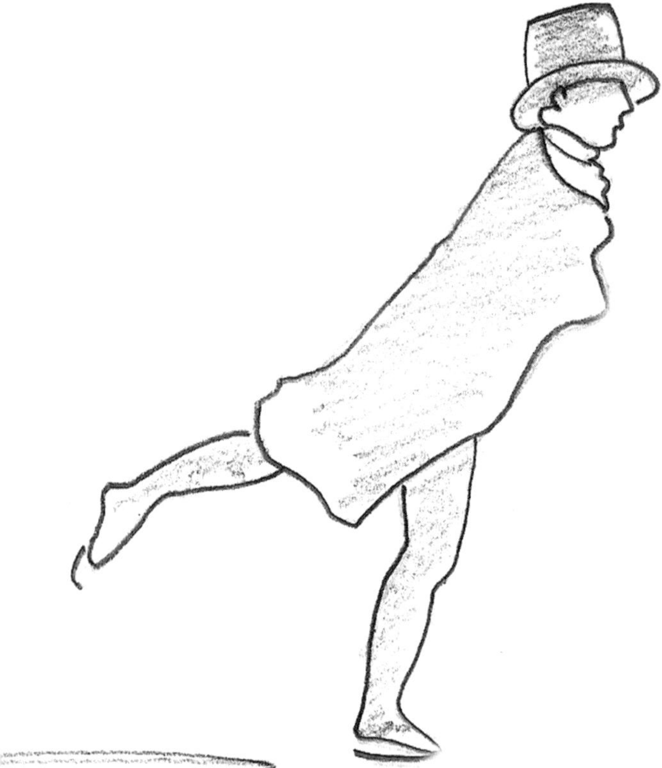

Reverend Walker

## REVEREND WALKER III

Wo sind sie denn, die Edinburgher Literaten?
Nur eine Fremde sitzt im Pub, schreibt einen Reim.
Welthauptstadt Poesie? Lass mich mal raten:
Sie trinken stilles Wasser wohl bei sich daheim.

Doch einer ist wie immer auf dem Posten,
du kennst ihn ja, und ich besuch ihn gern,
sein Schlittschuh wird in Ewigkeit nicht rosten,
da zieht er hin – wir grüßen dich von fern.

*E.M.*
*21. Oktober 2009*
*Edinburgh/Schottland*

## MEIN ERSTER FERIENTAG

Um 8 flog ich nach Nizza,
um 10 nahm ich den Flitzer
- gemietet von Peugeot –
um 11 verfuhr ich so:

Bis 12 Uhr fuhr ich schnell,
dann sucht ich ein Hotel,
ich suchte bis um 1,
um 2 hatt ich noch keins,

um 3 dann in Hyères
kam endlich eins daher,
das hatte Zimmer frei
(der Preis? Na, einerlei),

ins Meer sprang ich um 4
ganz in der Nähe hier,
war Punkt 5 wieder trocken,
um 6e in den Socken,

dann war es schließlich 7,
bis ich dies hier geschrieben,
gleich ist es wieder 8,
bin müde, gute Nacht!

C.G.
*7. September 2001*
*Hyères/Frankreich*

## SONETT MIT WIND

Die Palmen wedeln tüchtig zum Empfang,
die Pinien neigen ihre schlanken Leiber,
durch Eukalyptushaine rauscht es wie Gesang,
ein warmer Wind umarmt den Verseschreiber.

Der Dichter dankt. Dem warmen Wind aus West
den kümmert's nicht, er weht in Richtung See;
erst streichelt er sie sanft, dann eher fest,
die Wellen tanzen hoch, très agitées.

Dann tanzt der Dichter – hinter seinem Hut her;
die Küstenwacht warnt: Attention aux parasols!
inmitten einer Sandböe stammelt blind wie blutleer
der blöde Dichter, was das Ganze soll?

Er kennt die Côte d'Azur nicht, klarer Fall.
Der Wind, Monsieur? Pardon, c'est le Mistral.

C.G.

*13. September 2001*
*Hyères/Frankreich*

## ES WEHT SO STARK
## IM STAATE DÄNEMARK

Es ist so grau im Staate Dänemark,
acht Grad im Schatten, und der Himmel tropft.
Die Gärtnerin pflanzt Thuja, denn der Wind weht stark,
mit Funkien sie die letzte Lücke stopft.

Der Wind, der Wind, die Straßenschilder schwanken,
und Danebrog schlägt Wellen in der Luft.
Du siehst mich hier von Tor zu Törchen wanken,
vier Gärten sind's pro Tag. Ein leichter Duft

von Rosen stiehlt sich über nassen Rasen,
dann wieder Nadelholz in jeder Menge.
Zurück zum Bus, die Ohren vollgeblasen
vom Dummgeschwätz in gnadenloser Strenge.

Mit 14 Frau'n durch Dänemark zu reisen,
das heißt, den Teufel in den Hintern beißen.

*E.M.*

*19. Juni 2004*
*Schloss Egeskov/Dänemark*

## ORIENT-EXPRESS

In Zukunft will ich nur noch so verreisen,
in Blau und Gold und eitel Walnussholz,
quer durch Europa auf bewährten Gleisen
in Hut und Handschuhen und stolz
den Regionalzugpassagieren auf Gleis 7
ein Lächeln schenken im Vorübergleiten.

Soeben bringt der Steward mir den Tee, ihr Lieben,
und abends wird er mir das Bett bereiten,
derweil wir von Venezia nach London toben.
In Bozen blüh'n die Äpfel, und am Arlberg schneit's –
zum Dinner in erlesenen Garderoben,
und in Paris ist Frühstückszeit bereits.

Nicht fragen: Hab ich das verdient? Ach was!
Verdient ist nix, doch ein Geschenk macht Spaß…

*E.M.*
*15. April 2008*
*Venedig – London*

VENICE SIMPLON

ENT-EXPRESS SM

## GEFASEL

Heut schreib ich aus dem ICE,
und weißt du, was ich draußen seh?
Das Land, bedeckt von weißem Schnee.

Na klar doch, Mann, schreib keinen Sch...
Schnee ist schließlich immer weiß,
wäre er zinnoberrot,
hieß er anders, vielleicht Schnot,
ganz bestimmt hieße er Schnelb,
wär statt weiß er quittegelb.

Doch keines Falles ist das Schnau,
was ich durch das Fenster schau,
Schnau ist nämlich tintenblau,
ganz zu schweigen mal von grün,
grün gibt's nur, wenn Wiesen blühn,
im Sommer ist's dann eh zu heiß,
darum ist Schnee im Winter weiß.
Alles andre ist Gefasel!

PS: Bin auf der Fahrt nach Basel.

C.G.
*19. Februar 2005*
*Frankfurt am Main – Basel*

## TECHNISCHES PROBLEM IN EMMERICH

Es flog der ICE
durchs Land, doch plötzlich steh
verstört ich am Perron,
der Zug steht wie Beton,
er rührt sich nicht vom Fleck,
kommt man hier jemals weg?

Ein kesser Spruch verheißt
dem, der sonst durchgereist:
„Hier blüh'n Sie richtig auf!"
Die Reisenden zu Hauf
versuchen das Problem
als Stoiker zu nehm',
sie warten, manche lachen,
denn ja „Wat sollze machen?"

derart gedenk ich dein
zu Emmerich am Rhein ...

C.G.
*13. März 2010*
*Emmerich*

## FÜNF STERNE SATT

Man müsste Bridge spielen können,
dann säß man abends nicht alleine an der Bar.
Man müsst für seine Mitmenschen entbrennen,
dann hätt man ausgesorgt fürs Honorar.

Man müsste sich für Schnee erwärmen,
für Ski und Après-Ski, den ganzen Graffel
und für die Berge, die zum Herzerbärmen
den Horizont umstehn in tiefer Staffel.

Man muss sie mögen, diese Pelztier-Tussen
mit Sonnenbrillen, groß wie Untertassen,
und jene, die am Messer lecken, wie die Russen,
den ganzen Auftrieb der verfaulten Klassen,

sonst wird man sich schlecht amüsieren,
trotz Schwimmbad, Sonne, Eisbahn, Luxuskammer,
und sich wohl fragen, schon im Retirieren:
Was soll denn das Gemaule, dieser Jammer?

Immer im Dienst, und nichts wird mir Plaisir,
immer in Angst, das Thema zu versieben,
immer auf Achse, und wofür?
Was ist vom Engadin hängen geblieben?

In sechsunddreißig Stunden nichts von Dauer.
Nur Fremdheit und ein wenig Trauer.

*E.M.*
*12. Januar 2009*
*St. Moritz/Schweiz*

## KREUZFAHRERBLUES

Noch hat es mich nicht, doch hier ist es nah:
das Alter mit Gichtbruch, Arthritis,
Krampfadern, Cellulitis.
Voraus: Costa Rica,
an Deck: Geriatrica.
Alt werd ich, doch nicht auf der „Astor",
ungewiegt, unbedient, ohne Schampus, der zischt,
ohne Fregattvogel und Gischt –
Kuba, Jamaica, San Blas – nischt
von dem.

Unbequem
wird das Leben an Bord eines Castor
mit Destination Endlagerstätte.
Da geigt dann kein Siggi,
da singt keine Vicky.
Die allerdings: hoch entbehrlich
und ein Absprung wär jederzeit möglich:
Rettung durch Feuchtstart,
statt verdammt zu ewiger Kreuzfahrt.

*E.M.*
*21. Januar 2005*
*San Blas Inseln/Costa Rica*

## KLEVE UND KLEVE LASSEN

Man hört nichts Gutes, ja es soll Gerüchte geben,
wer hier lebt, nimmt sich vor der Zeit das Leben!
Trostlosigkeit und grauer Regen trüben mir die Sicht.
Kennst du denn Kleve wohl? Ich nicht.
Ich bin hier nur am Bahnhof, um rasch umzusteigen,
um fort zu fahren und zu schweigen.

C.G.
*14. Juni 2009*
*Kleve*

## WO ICH BIN, IST VORN

Weltende? Weltspitze?
Weltritze
mit Durchblick auf Ewigkeit –
die Möglichkeit,
dass Darwin das gleiche sah:
Tierra del Fuego incognita.
Und jetzt ich –
höchst wunderlich!
Am Ende ganz vorn:
Gruß von Kap Hoorn

*E.M.*
*27. Februar 20[illegible]*
*Isla Hornos/Chile*

## FRÜHLINGS-GHASEL

Ist uns mitunter auch in Hirn-
  und Herzesklüften bang
darob, dass sonderbarer Abrieb
  schwächet unsrer Hüften Gang,
so soll er heuer uns nicht weiter grämen,
der Schrecken, welcher Blicke
  schon nach Grab und Grüften zwang,

denn sieh und höre, fühle dieser Märzenstage Lust,
das Spiel wie je, wenn Lenz ins Land
  mit seinen Düften drang
und uns mit Macht ins volle Leben rief
das Lied der Lerche, das sie hoch in Lüften sang.

C.G.
*17. März 2003*
*Frankfurt am Main*

## PENDOLINO-GHASEL

Dem Frühling nach per Pendolino
mit Blick ins Grüne und ins Wolkenkino –
so nehm ich deine Botschaft mir zu Herzen.
Der Schwarzdorn blüht als duftender Albino.

Kann ich nicht rennen, kann ich doch noch radeln,
durchs Tal zu meiner Villa piccolino,
durchschneid die Luft mit hochgestelltem Kragen –
wer braucht im Märzen denn ein Motorino!

Am Abend singt das Rotkehlchen klirrend sein Lied,
aus Winterschlaf erwachen Mensch und Dino.
Dank dir für deinen Gruß; ich fühl ihn wohl
und wünsch dir Gleiches, Freund und Ballerino.

*E.M.*
*21. März 2003*
*Sobernheim*

## GENUG?

Sind denn der Reime schon genug gewechselt?
Per Brief, per Kärtchen und per Telefax?
Schon lange kein Sonettchen mehr gedrechselt.
Die guten Sitten werden langsam lax.

Klar, lässt sich was in Prosa schneller sagen,
mal klemmt der Versfuß grausam in der Tür,
jedoch als Medium ist nicht zu schlagen,
die holde Poesie, das wissen wir.

Sie amüsiert Verfasser und Empfänger,
sie rettet uns bei Schiffbruch und Desaster,
wie oft war deine Stimme, Freund und Sänger,
mir Trost und Spaß, Inspiration und Pflaster!

Deshalb erreicht dich meine Reimdichpost
gerad noch, eh das alte Jahr verflosst!

*E.M.*
*31. Dezember 2009*
*Frankfurt am Main*

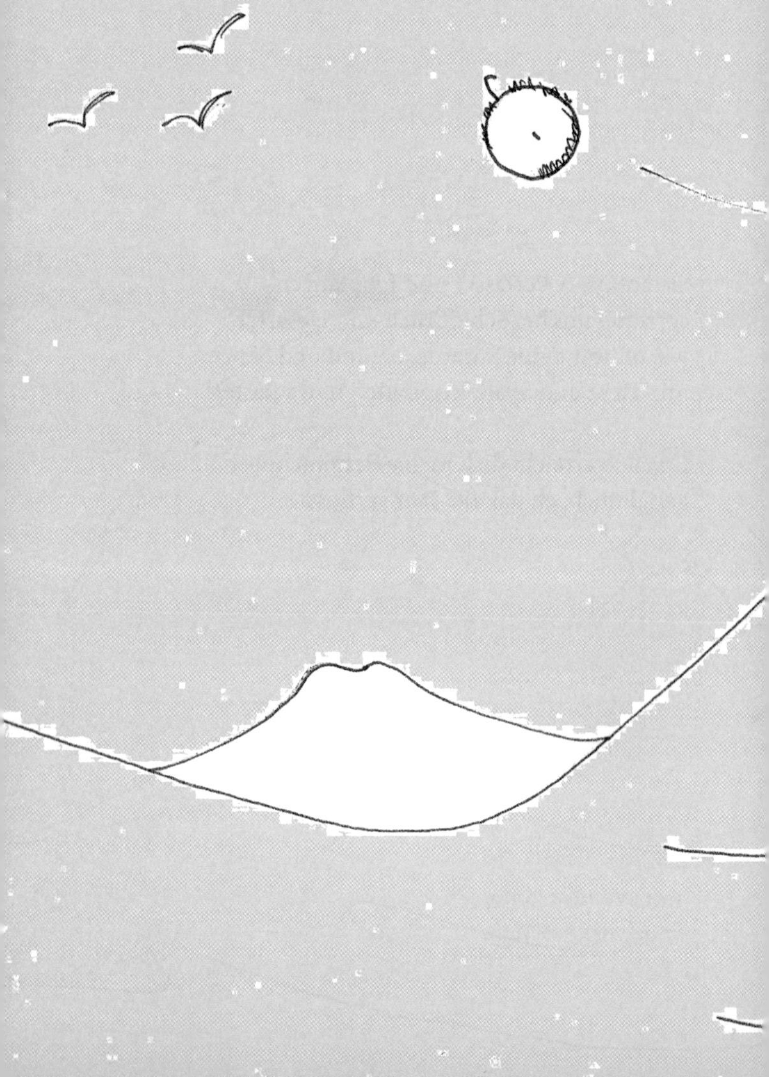

## BILDNACHWEISE

**ELSEMARIE MALETZKE**, geboren in Oberhessen, aufgewachsen in Bad Kreuznach, begann 1968 in der Redaktion der Satire-Zeitschrift *Pardon* zu arbeiten. 1974 ging sie als Deutschlehrerin nach Irland, war danach Redakteurin bei *Titanic* und beim *Pflasterstrand*. Sie schrieb Bücher mit Reisefeuilletons über Irland, England und den Rest der Welt (*Mond über Murzuq*), Biographien englischer Autorinnen – die Schwestern Brontë, Jane Austen, George Eliot, Elizabeth Bowen – sowie den Roman *Miss Burney trägt Grün*. Sie lebt und arbeitet als freie Journalistin, Herausgeberin und Autorin mit den Schwerpunkten Reise und Garten in Frankfurt am Main.

**CHRISTIAN GOLUSDA**, geboren 1948, lebt als Psychiater in Frankfurt am Main. Nach dem Studium der Pharmazie und Medizin wechselte er Ende der 70er Jahre als Quereinsteiger in die freie Kulturszene. Neben Darstellung, Konzeptionen und Regie für Tanz/Theater in eigenen Produktionen und für andere freie Ensembles schreibt er Gedichte und übersetzt Sachliteratur. 2009 erhielt er zusammen mit Elsemarie Maletzke für ihre *Reimdichpost* den Robert-Gernhardt-Preis.

Elsemarie Maletzke
Christian Golusda
Sturm und Tang.
Fünfundfünfzig Reisegedichte
Mit farbigen Illustrationen von Christian Golusda



Umschlaggestaltung
Julia Borgwardt, borgwardt design
unter Verwendung eines Motivs von Christian Golusda

Layout
Büro Rudolph

Druck und Bindung: CPI – Clausen & Bosse, Leck
Printed in Germany
Erste Auflage 2010
ISBN 978-3-940888-66-2

weissbooks.com